JN437930

한·영 Korean·English

세상 읽기
Reading the World

월인 이창환 제38시집

Wol-In, Lee Chang-hwan 38th Poetical Works

세계시가야금관왕상 수상자 : 이창환

World Poetry Kaya Golden Prize Winner : Lee Chang-hwan

을지출판공사

■ 서문

도덕적 생명력이 충일(充溢)한 시인

-월인 이창환 시집 〈세상 읽기〉에 부쳐

윤 해 규
〈한국시대사전〉 편저자 겸 발행인

월인 이창환 원로시인은 경북 청송에서 태어나 어린 시절을 어려운 환경에서 자라다가 탄광지역인 지금의 강원도 태백으로 가서 初·中·高를 졸업하고 홍익대를 중퇴했다. 태백공고 재학 시에 6·25동란이 일어나자 학도병으로 참전하여 흉탄에 쓰러져 간 군번 없는 학우들을 직접 목격했기 때문에 지금도 그 후유증으로 시달리고 있다.

대한민국 학도의용군 총본부 회장을 역임할 때는 국립묘지에 충혼탑을 건립하는 등 그 넋을 위로하는 사업 등 많은 업적을 남겼다.

월인은 현 거주지인 경북 영양에서 한약업에 종사하면서 27년 전에 '영양문학'을 창간하여 한 해도 빠짐없이 20집까지 발간했고, 출생지인 청송의 '청송문학'과 학창 시절을 보낸 태백의 '태백문학'도 창간케하여 후학들이 지금까지 명맥을 이어오고 있다.

그리고 성균관 관장을 역임하면서 이 나라 유학(儒學) 발전에 기여한 바도 크다.

그동안 세계시문학연구회 이사로 참여하면서 1995년 세계시가야금관왕관상을 받았고 그 연구지인 '세계시문학(연간집)'을 통해 선보인 작품을 모아 시집으로 간행함에 나는 20여 년의 친교와 발행

인으로 인연을 따라 시집 첫머리에 '서문'을 올리게 되어 기쁜 마음 금할 수 없다. 월인은 문단 활동에 많은 업적을 쌓았고 문학행사 모임에 그 분위기 조성과 문학 애호 정신이 투철하여 칭송도 높았다.

문학이란 외딴곳의 고요하고 편안한 환경에서 자아성찰을 기조로 창조적 고뇌의 산물이기도 하지만 문단의 협의체를 통한 문학발전의 대 사회적 활동이 매우 중요하다.

월인은 그 적극적인 추진력과 정열, 그리고 남다른 문학 활성화에 노력하여 예술성에만 매몰되지 않는 사회성, 도덕성에 기여한 바가 아주 많았다. 그의 시 속에는 삶의 아픔과 진실이 어우러져 신비로운 힘으로 도덕적 생명력이 충일(充溢)하다.

현재 한국문인협회 정종명 이사장은 월인에 대해 "대한민국 원로 문인들 중 월인 이창환 시인만큼 강인한 삶을 사시는 분이 있을까요. 농부로서 또는 태백 탄광 광부로서의 험한 개척의 길을 이겨내고, 또한 학도의용군으로서 나라 위한 헌신의 삶을, 6·25 처참한 구사일생을 그대로 상재하는 시집에 녹여내고 있으니 월인시집을 보면 한세기의 역사를 읽는 듯합니다."라고 말했다.

인간성 찾기, 고향 찾기, 흙냄새와 우리의 전통 보존하기 등 소중한 자기모습을 찾아보고 싶은 사람들에게 월인의 시를 읽어보라고 권하는 바이다.

2011. 9. 6

Preface:

The Senior Poet Being Full of Moral Vitality

- On The Poetic Anthology <Reading the World> of Wol-In

Yun Hae-kyu
Publisher & Compiler of the Encyclopedia of Korean Poetry

The senior poet, Wol-In, Lee Chang-whan was born in Cheongsong, Kyungsangbuk-do, Korea and raised his childhood in hard environment, went to Taebaik, the coal mine site, now called, in Kangwon-do, and there graduated from elementary, middle & high school, and dropped out of the Hong-Ik university.

When he was a highschool student in Taebaik, the Korean war broke out, he joined the was as a volunteer soldier for his country, unfortunately having seen the dead fellow soldier shot by enemy's guns without soldier's number, now he still has been feeling pains as an its aftereffect.

And when worked as a president of the main office in soldiers' association of Korea, he built a memorial tower to the loyal dead to console their souls, and produced lots of achievements.

The poet, Wol-In had founded the first literary magazine "the Literature of Young-Yang", 27 years ago when he was engaged in an Oriental medical establishments, and issued the number 20th magazine continually. Not only the magazine, but also he founded the literary magazine of "Cheongsong Literature" at his home town, and he did the literary magazine of "Taebaik Literature" as well, and they are issued continually by the younger generation. And as a director of the Sung-kyun-kwan, he made a great contribution to the development of Confucianism of Korea.

Besides, he participated in the research institute of world poetry, as a member of directors, publishing his poetical works in its annual poetic anthology, and received the Kaya Gold Crown Prize from the Research Institute of World Poetry in 1995. Every time when I published the annual poetic anthology as a result, I really have been unable to contain my joy in writing its preface of the first page as a publisher for 20 years. He won the admiration of the authors in producing lots of literary results and showing a loving spirit for literature, in the literary circles and events.

Though literature is a by-product of the creative affliction based on the self-introspection in the silent and tranquil surroundings of the secluded place, I think, it's very important to take an active role in our society for the literary development through our conference systems.

The poet, Wol-In makes a great contribution to the sociality and morality that are not buried only in the artistic world, trying to do the special activation on the literature with his active propulsion and passion. His poetic works are full of the moral vitality as a mysterious power together with the suffering and truth of our life.

The chief director of the Literary Men's Association, Jeong Jong-myung said about the poet, Wol-In Lee Chang-whan, "There is no poet who lives with a tough spirit like Wol-In, I think, of the senior literary men in Korea. His poetic anthology published, represented us diverse experiences which he had endured the perilous frontier path as a farmer or a coal miner at Taebaik, and joined the Korean war as a volunteer soldier for our country together with lots of lively fragments experienced in the miserable war of June 25th the Korean war. So to read and appreciate his poetic anthology is almost the same as reading the history of one century."

To the readers who desire to find such valuable identities as the searching for your own humanity, your own home, the smell of your own earth, and as the preservation of your own tradition, I confidently recommend Wol-In's poetic anthology.

2011. 9. 6

차 례

月仁 李昌煥 第1詩碑 · 8
第1詩碑에 刻印된 詩 - 太白山 · 9
月仁 李昌煥 第2詩碑 · 10
第2詩碑에 刻印된 詩 - 故鄕 · 11
月仁 李昌煥 第3詩碑 · 12
第3詩碑에 刻印된 詩 - 길 · 13
月仁 李昌煥 第4詩碑 · 14
第4詩碑에 刻印된 詩 - 定着 · 15
月仁 李昌煥 第1詩石 · 16
第1詩石에 刻印된 詩 - 少女 · 17
月仁 李昌煥 第2詩石 · 18
第2詩石에 刻印된 詩 - 銀河水 · 19
월인 이창환 작사 청기면민의 노래비 · 20
청기면민의 노래 · 22
태백의 혼 · 23
太白中學校 學徒兵 戰跡碑 · 24
太白中學校 學徒兵 戰跡碑에 刻印된 詩 - 아~ 아픈 六二五 · 25
月仁의 痛哭詩 · 26
月仁의 痛哭詩 - 우리꽃 · 27
月仁이 學兵參戰時 느낀 愛國詩 · 28
세상 읽기 · 34
Reading The World · 36
기원 · 38
Prayer · 39
세연(細緣) · 40
Subtle Relations · 41

염풍(鹽風) · 42
Salty Wind · 43
불개심(不改心) · 44
A Mind Never to Change · 45
상춘(常春) · 46
Everlasting Spring · 47
지옥(地獄) · 48
Hades · 50
그리운 손님 · 52
Beloved guest · 53
하나 · 54
A unity · 56
저문몸 봄날의 연가 · 58
An oldster's song of spring-day · 59
무상계(無常界) · 60
The Transient World · 61
삼라만상(森羅萬象) · 62
All Things In Nature · 64
박꽃 · 66
A Calabash · 67
지난 백년(百年) 세월은 · 68
The Past Hundred years · 69
진달래 · 70
The Azaleas · 73
대각(大覺) · 76
A Great Awakening · 78
잃어버린 國寶 · 80
大邱鄕校誌 祝刊辭 · 81

■ 著者 年譜 · 82

月仁 李昌煥 第1詩碑

서기 1990년 10월에 月仁 第10詩集 "아- 그리운 山河여"를 출판하여 詩碑 除幕式과 같이 행하였고 趙炳華 元老詩人이 오시어 200餘 賀客 앞에서 月仁과 文學에 대한 講演을 하셨다. 太白中 2回, 太白高 1回 卒業生인 月仁 大韓石公長省鑛業業所에서 午前에는 學校業을 받고 午後 四時부터 밤 12時까지는 地下막장 4km(海低)에서 채탄을 하면서 수업을 받음. 그런 苦痛 속에서도 高等學校 2學年인 1952年 10月에 첫시집 "나리꽃"을 발간하여 石公산하 六個 鑛業所에 配布하여 極讚을 받았다.

太白中高等學校와 總同門會에서 學校 庭園에 建立.

月仁은 太白文學會를 1991年度에 創立 初代會長 歷任.

第1詩碑에 刻印된 詩

太白山

太白山 神壇樹 아래
天鷄가 울어 태어난 太陽
그 빛 燦爛하여 人類가 눈 뜨셨네

東海 地軸이 처음 흔들리고
우렁찬 龍 울음이 터져
海東땅 三千里가 생겼다

聖者가 오시던 날
三面 바다가 뒤집고
龍聲이 震動하여
人類가 誕生하였다(白衣民族)

하늘에 뜻이라 順從하고
祖上을 敬慕하는 純潔이었고
太白은 聖祖나리신 뿌리로소이다
三綱五倫 지킨 民族 億年을 살으리

月仁 李昌煥 第2詩碑

西紀 1995年 6月에 月仁의 詩碑를 青松文人協會와 青松文化會員 一同이 設하였으며 月仁은 1991年度 青松文學會를 發起 設立하였고 文學誌 3年間 會長 任期까지 自費出版하였으며 지금 終身名譽會長으로 있으며 青松文學誌 年1回 發行하여 現在까지 會員들이 계속 회 운영을 하면서 청송문학은 큰 발전을 하고 있다. 詩碑는 慶北 青松郡 眞寶面 釜谷里 卽 月仁 李昌煥의 出生 故鄕마을 入口 眞寶面 公園이며 盈德 - 安東間 國道邊에 세워졌으며 큰 江이 있으며 自然景觀이 수려하여 觀光客이 늘 오고 있는 곳에 세워져 있다.

第2詩碑에 刻印된 詩

故鄕

먼동이 트는 들녘
이슬은 하늘 보면
살포시 땅에 그른다

비단안개 구름으로
하늘은 보료에 감싸이고
빛은 꽃으로 올라
나빈 양 하늘은 삶을 노래하누나

먼 고향 얘기
꿈결인 듯 가물거리고
논밭 뚝에 심어둔 풀잎 내음은
돌아와 여겨보면
우뢰인 듯 터져 흐르는 예순네 해

가난한 내 어머니
치마폭에 소쩍새 울고
엎디장골 산복숭아로
끼니 잇던 슬픈 세월
눈 감고 더듬으면
더욱 아릿 아릿하여라

月仁 李昌煥 第3詩碑

月仁이 서울에서 농민문학 회장직을 맡아 운영하다가 표제를 바꾸어 한맥문인협회로 바꾸어서 會員 모집과 자비로 사무실을 얻고 문학지를 발간함. 서기 1992년에 첫 文學誌 한맥을 발간하고 그 이전에 1990년까지 농민문학지를 6권까지 自費出刊하였으며 서기 2000년 4월에 한맥문학회원 一同이 月仁 第3詩碑를 경기도 고양시 덕양구 관산동 국도옆 조각공원에 세웠다. 현재 月仁은 한맥문학협회 명예 종신고문이며 회원은 약 3,000여 명이다.

第3詩碑에 刻印된 詩

길

바랜 歲月 가로놓인
머나먼 길
가슴 비우고
나 홀로 가련다

시린 가슴
더듬어 온 길
아련히 떠오른 미련일랑
저버려 두고
홀가분히 떠나련다

하지만
이미 스친
옷자락 그립구나
내 부풀린 가슴……

月仁 李昌煥 第4詩碑

英陽이 故 趙芝薰 先生이 作故 以後 文學에 不毛地를 月仁이 1985년 4月 5日 文學을 開拓하여 同年 5月에 英陽文學會 간판을 걸고 會員 4名이서 원고 모으고 月仁이 운영자 금과 문학지 출판자금 등을 출자해서 2004년 12월까지 영양문학을 年刊 1回씩 20년간 발간하고 회장직을 맡아 운영하다가 회원이 늘어서 서기 2001년 11월 25일 사단법인 영양문인협회원 一同과 사단법인 전통문화선양회원 一同 등이 月仁 第4詩碑를 세웠다.

소재지는 경북 영양군 일월면 덕봉리 또는 칠성리라고도 하는 國道邊 小公園에 약 100坪 땅에 세워져 있으며 앞에는 강이 맑게 흐르고 山景致가 매우 좋은 곳이다. 조지훈 선생 시비에서 약 5km 地點에 있음.

第4詩碑에 刻印된 詩

定 着

한 世上 두루 돌다
좋은 터에 자리 잡아
山水仙景이 멋진 青山에
風流와 詩畵로
한 世華 시름 잊었네

오늘은
불타는 저녁노을 바라보며
빈 마루에 누웠는데
뒷산 장끼가
단잠을 깨워
짜증난 세상살이
되새기게 하네

月仁 李昌煥 第1詩石

少女詩 作詩는 1954년 2월 4일 서울 太平路 國會議事堂(지금의 서울시청 별관) 삼척 국회의원 김진만 씨가 주는 방청권을 가지고 입장했다가 가죽점퍼 입은 형사들 수백여 명이 들어와서 야당국회의원 모가지를 끌고 나가면서 권총자루로 국회의원들 머리를 때려 피가 터지고 이승만 대통령 3선출마 법개정 반대시위를 형사들이 난동을 했다. 그 꼴을 보고 쓴 시가 '少女' 였다.

서기 2000년 3월 3일에 月仁이 서울대학교 예술대학 내 古典音樂 硏究班에 古典樂器 儒家音樂 印度音樂 等 6個月 硏修를 마치고 서울大學校 圖書館옆 小公園에 記念으로 '少女' 시석을 세웠다.

第1詩石에 刻印된 詩

少 女

少女야
이 江山에
繡를 놓아라

華麗하고
燦爛한
繡를 놓아라

낡고
險한 繡는
걷어 버리고

아름답고
어여쁜 繡를
다시 놓아라

Little Girl

Hello Little Girl
Embroider our beautiful Land.

Embroider them
Splendid
and Radiant.

Clear away the worn-out
and grim enbroidery

And make them Gorgcous
and picturesque.

月仁 李昌煥 第2詩石

月仁이 국회도서관에 本人의 著書 40여 권을 기증차 갔다가 연못 그리고 시계탑을 구경하고 도서관장께 이야기하고 맨날 싸움질하는 국회의원들이 은하수같이 맑은 정치와 인정이 샛별같아 달라는 부탁 시를 썼다.

서기 2000년 3월 3일에 세웠다.

第2詩石에 刻印된 詩

銀河水

여의도 하늘은
늘 검은 구름 끼어
어두워 있네

천둥 번개 멎으면
검은 구름 걷히고
따스한 봄꽃 피겠네

날마다 궂은날
모두가 짜증나는데
은하에 몸 씻고 웃어 봅세

월인 이창환 작사 청기면민의 노래비

노래비를 세운 내력

月仁이 살아보려고 무한한 노력을 하며 文人食口를 데리고 탄광 또는 안동 시골로 살 곳을 찾아 헤매다가 영양 청기에서 산을 개간하여 2000여 평을 해발 600여 고지에서 밀새지붕에 토담방 1칸 지어서 4년간 살 때 청기면이 18개 동인데 찾아다니면서 환자들 침을 놓아주고 사례조로 쌀, 고추, 좁쌀 등등 먹을 것을 얻어다가 살 때에 방문하는 마을 동장 즉 이장에게 우리 면민이 단합하여 잘살아 보자 지은 청기면민의 노래이다.

지은 지 21년째가 되어 청기면사무소 아래 복지회관 마당에 크게 세우고 2011년 6월 10일 제막식을 하였다.

청기면민의 노래

행진곡풍으로
이창환 작사
정문섭 작곡
mf
mf
한 박 뫼 푸른정 기 남 북애 펼치 고
인 화 봉 김 성산 은 수 직장 수되 어
기 화요 초 태 고 천 짓 줄이 되 어
억 만닌 을 지 켜 온 애 절의 고 향
칠 십 리 청 기 벌을 돌 아 흐 르 고
우 리 는 시 로 도와 인 심 뿌 리 고
f
화 합 과 인 정 어린 굳 건 한 터 전
슬 기 와 인 내 로시 가 꾸 어 간 다
mf
푸 른꿈 은 영 원 히 단 합 된 정 기
f
자 손 은 영 부 귀 길 이 빛 나 리

청기면민의 노래

月仁 李 昌 煥

(一)

함박뫼 푸른정기 남북에 펼치고
기화요초 태고천 젖줄이 되어
칠십리 청기벌을 돌아 흐르고
화합과 인정어린 굳건한 터전

(二)

연화봉 검성산은 수직장수되어
억만년을 지켜온 예절의 고향
우리는 서로 도와 인심 뿌리고
슬기와 인내로서 가꾸어 간다

(후렴)

푸른꿈은 영원히 단합된 정기
자손은 영부귀 길이 빛나리

태백의 혼

태백중학교 학도병기념관에 세워진 월인 시 동상

太白魂

月仁 李 昌 煥

校帽를 벗고 鐵帽를 쓰고,
펜을 던지고 銃劍을 잡고,
學園과 祖國을 지키려고
鮮血을 뿌리며 百戰百勝한,
아! 壯하다 우리 太白의 魂.
오! 우람한 表象 여기 섰도다.

太白中學校 學徒兵 戰跡碑

아- 아픈 六二五

月仁 李昌煥

우리는 철부지 어린학도병
목숨 바쳐 나라 찾은 애국 학도의용군
불바다 피바다에서 자유 찾은 우리 조국
우리 부모 형제자매 부귀영화 누리소서
조국이여 이젠 우리 고혼들
고요히 잠들게 향을 사려 주오.

太白中學校 學徒兵 戰跡碑에 刻印된 詩

아- 아픈 六二五

月仁 李 昌 煥

우리는 철부지 어린학도병
목숨 바쳐 나라 찾은 애국 학도의용군
불바다 피바다에서 자유 찾은 우리 조국
우리 부모 형제자매 부귀영화 누리소서
조국이여 이젠 우리 고혼들
고요히 잠들게 향을 사려 주오.

1951년 1월 3일 강원도 태백중학교 교정에서 학도병 자원입대 희망자 127명이 박효칠 수학담당교사 인솔하에 눈 쌓인 산길 약 40km를 걸어 경북 봉화군 춘향면에 도착했다.

그 당시 육군 3사단 장병 전원이 북진 중 이곳에서 잠시 쉬는 동안에 우리는 입대를 자진 원하여 사단장 승인을 받아 현지 군번을 받고 북진 도중에 요소요소 전투에서 태백중 학도병 18명이 전사하였으며 이승만 대통령의 명령으로 2년 후 복교하여 대한민국 애국학교로 지정받아 오늘에 이르렀다.

月仁은 무보수로 대한민국 학도의용군 총본부(서울) 13, 14, 15대 약 15년간 회를 자비로 운영했다. 참전기념탑은 강원도 철원3사단 연병장에 세워졌으며 탑에 月仁의 詩가 새겨져 있다.

月仁의 痛哭詩

月仁은 祖國이 어렵고 슬픔을 보는 사진

The Poet, Wol-In looks at the photograph of his distressed and mournful country.

우리꽃

꽃이여
民族의 꽃이여
5000年 生命
같이한 天地人의 生氣여

웃으며 즐기며
울며 불며
偉大한 白衣民族
함께 살아온 生魂이여

지면 피고 피면 향이 진동하는
生靈이 億萬年
悠久한 歲月 지켜주는
거룩한 無窮花 永生하리

政府여 國內犯罪者 淸掃 좀 하소서!!
大韓民國이여 感謝하여 눈물 났습니다!!
73才 되던 그해 9月 드디어 6·25 參戰 國家有功者 年金 50,000원 두 손에 받아쥐고 천번 만번 죽음에 戰線 惡戰苦痛 순간의 눈물이 쏟아진 대가 五萬원 감사합니다.

月仁이 學兵參戰時 느낀 愛國詩

나의 祖國

月仁清靜 李百里

나는 파아란 祖國을 사랑합니다.
미쳐서
몸부림치며 사랑합니다.

파아란 하늘 파아란땅
파아란 동해 그위에서
펄럭이는 내혼이 있습니다.

그래서, 2000년말부터
애국숙녀의모임 근우회(槿友會)
상임고문을 했어요.

1950년 내 어머니 품에서
조국을 지키려 불민투쟁(不眠鬪爭)
어머니를 구했어요.(어머니는 조국)

무궁화 그리고 태극기를 보면
뭉클한가슴
울어버립니다.

2010.8.13 새벽6시
天獄仙堂에서 李昌煥

月仁의 嘆息

1950년 8월 어뢰산 8부능선 전투 실탄 날라주고 주먹밥 날라주고 그 다음 총 들고 앞장서서 수색하고 인민군 중공군 눈에 먼저 발견되면 전사, 그런 것을 피하려면 목숨을 하늘에 맡기고 땀으로 목욕하고 피로 목을 축이고 싸운 전선에서 하루 낮 하룻밤 전투에서 전사한 피아간 수천 명 8月에 전선은 人間 썩는 냄새로 코를 찌르고 입으로 숨을 쉬어야 하는 전방 전선에서 태극기 무궁화가 보이면 너무 반갑고 좋아서 미쳐버리던 學兵 그러나 民主主義 半쪽 조국은 찾았으나 곳곳마다 도적, 살인마 비리를 누가 싸워 이길꼬?

필리핀 마닐라 콘티넨탈대학교 명예총장 수락인사 장면(2007. 3. 13)
(A Scene) The Accepting Address of President Emeritus of Continental University, Manila, Philippine. (2007. 3. 13)

日帝 **36**年間 東洋圈 피해 國家가 한데 모여 文學으로 응징하기 위해 조직 중 해산됨
The literary circle was dispersed in organizing in order to revenge by force of the literature upon the Japanese 36 years' colonial brutal policy against oriental countries.

재단법인 제28代 成均館長 告由式 參席(2007. 11. 13)

Taking Part in An Inaugural Ceremony on A Report to Shrine: 28th Chief Director of Sungkyunkwan, the Juridical Foundation (2007. 11. 13)

2010年 11月 16日 필리핀 마닐라 이리스트국립대학교 총장으로부터 명예총장증을 수여받고 또 아울러 서울 종로구 평창동 대 한국불교조계종 부설 삼보불교대학교와 자매결연을 맺은 자리에 기념사진을 찍었다.

삼보불교대학교 총장은 月仁 李昌煥이며 필리핀 이리스트국립대학 명예총장인 月仁과 국립대학교 정규총장과 양 대학교 자매결연을 맺고 모든 교육관계와 학생들의 유학 관계를 논의하여 유학을 가고 올 수 있도록 결연을 맺었다.

月仁에게 필리핀 이리스트국립대학교 명예총장 증서 수여 장면(2010. 11. 16 현지에서)

A Scene on the Spot, Conferring on Wol-In the Certified Document of Emeritus President of Eulogio Amang Rodriguez Institute of Science and Technology (EARIST National Univ.), Philippine(2010. 11. 16)

세상 읽기
Reading the World

월인 이창환 제38시집

Wol-In, Lee Chang-hwan 38th Poetical Works

을지출판공사

세상 읽기

푸른 가을 하늘이
금덩이 같고

누른 들판이
금덩이 같고

늙은 제 아비가
돈 보자기 같고

거리거리마다
나부끼는 휴지가
돈같이 보여지니

거리를 지나는 사람
눈꼴이 미친 개같기도 한데

벌거벗은 문인(文人)은
제 잘난 자랑만 하네

보잘것없는 고깃덩이
한잠 자고 떠나는데
그리도 탐욕은 왜 할까

사람이 되어 바른길 가다가
뒷 사람이 인사하는 것
부끄럽지 않게 받아야지

오욕(五欲)은 광인(狂人)이며
광견(狂犬)이 따로 없습니다.
조심(操心) 또 조심합시다.

Reading The World

The blue sky of Autumn
Looks like a bar of gold.

The yellowish field
Looks like a bar of gold.

His old father
Looks like a cloth cover for money.

Waste papers which are scattering
Over almost all the streets.
Look like money

The evil-looking of the people passing the streets
Look like a fanatic dog.

And a naked man of letter
Is too much pround of himself.

We, human being is nothing
But a fresh passing through life but once.
Why do we have to be so lustful?

We as a being existence have to walk the right way
And should be welcomed with warm
Welcomes by our fosters.

Men who search for five desires
Are just lunatics.
Be considerate, be considerate

기 원

별밭이 부서지는 소리
하늘은 슬퍼 비가 쏟아진다
먼 훗날 자손은
태고 하늘이 그리워
눈물 쏟을 게다.

지금은 잘못 생각에
하늘은 슬픔에 잠긴다.
하늘 땅 주인은 모두 운다.

썩은 물 썩은 산
언제 우리는 맑으랴
저 평산하에 살고파라 -

조용히 세월 흐르면
시종유수는 모두 맑아
이 천하가 수정궁이
되게 하여 주소서......

Prayer

The sound star-field Breaks
Heaven is in grief so it rains heavily
The distant future,
A descendant will be suppose to pour tears
because they are nostalgic of the heaven of ancient times.

Now, in wrong thinking
Heaven buried in grief.
The heaven, the earth, the master shed tears all together.

The rotten water, the rotten mountain
When shall we be pure
I feel like living in those plain mountains and rivers.

Serenely, with the passage of time
A running water from begining to finish become clear,
So may this whole country become a crystal palace.

세연(細緣)

우리 서로 따로 있어도
남이 아닌 것
하늘은 알고 있어요

우리 성 이름 다르고
사는 게 달라도
남이 아닌 것
땅도 알고 있어요

우리 서로 엉켜져
오래오래 산대도
아무도 시기 질투
아니 합니다

우리 서로 이 땅 위에
오순도순 살아야 함은
보이잖는 세연(細緣)이
얽어져 있기 때문입니다.

Subtle Relations

The heaven knows
That we all are related to
Though being far away from one another,

The earth knows
That we all are related to
Though the name and the life style of one
Are different from those of another,

We will live a life together
In relations for a long time,
But we will never be jealous nor envious.

It is necessary for us
To live harmoniously in this world.
For invisible relations must
Tie us to one another.

염풍(鹽風)

태고(太古)의 비단바람이
여기 티없는
은하(銀河)를 건너간다

용왕(龍王)이 제신(諸臣)을 거닐고
천고(千古)의 연해(沿海)를
순시(巡視)하누나

영롱한 천국(天國)이
펼쳐진 땅
오운(五雲)이 진향(眞香)을 살포시 펴고
오오랜 세월 여화(麗華)를 지키며
염풍(鹽風)은 예쁜 뺨을 스친다

아름다운 신비(神秘)의 우주(宇宙)
그 속에 미(美)를 창조(創造)하신 조물주(造物主)
눈에 보이지 않는
예신(藝神)이었습니다.

인간(人間)은 예신(藝神)께 감읍(感泣)하고
자연(自然)은 원향(原鄕)으로 돌아가야 한다
저 해변(海邊)의 염풍(鹽風)은 부부(不腐)에
여신(女神)이었습니다.

- 1996년 8월 21일 동경(東京) 아다미에서

Salty Wind

An ancient velvet wind
Crosses here Milky Way
Without a spect.

The Dragon King is patrolling
Along the eternal sea shore
Leading his courtiers.

In the land
Where the lucid kingdom of Heaven spreads,
Five-colored cloud lightly unfolds the true fragrance
And
Salty wind passes by close
A beautiful face,
Keeping the splendor for ages.

What a beautiful universe
In which God created beauty!
He was an invisible God of art.

Man should thank God of art;
Nature should return to the original home.
That salty wind at the sea shore
Was the Godess of antidecay!

불개심(不改心)

세월이야 가든 말든
제배〔自腹〕만 부르면
천하만사(天下萬事) 태평(太平)이여
신주(神主)야 개〔犬〕가 물고 가든 말든
나만 편하면 OK야

혼탁(混濁)한 물 안 마시면 그만
나라〔國〕야 빼앗기든 말든
강자(强者)에게 아첨(阿諂)만 잘 하고
권물(權物) 모두 양손에 넣으면 최고야
빰은 약자(弱者)가 맞는 것 아닌가.

세계인(世界人)이 가장 얕잡아 보는 것
자국민(自國民)을 모해(謀害)하는 민족들
과거에 수없이 아팠던 일 잊고
불개심(不改心)! 불개심(不改心)!
언제 우리도 천하(天下)
일등국민(一等國民) 되어 볼꼬

A Mind Never to Change

Is every affair peaceful,
So long as your belly is filled up,
Even if the time is over-turned?
Do you care for your comfort only, even if
your ancestral tablet is bitten by a dog?

All I care is the unpolluted water,
Whether the country is threatened under attacks.

It's the best to grab priviledges and wealths
By daring flutteries at the strong man.
Weaklings are always mal-treated.

The most contemptible those nationals
Who ill-treat the people of own race.
If these minds never alter nor change
In spite of numerous experiences in the past,
Hopeless are we to become one day
A national of first class!

상춘(常春)

갈 보리밭 머리
검푸른 잎새에
봄이 오고 있다.

노고지리 높이 떠서
먼 지평에 원을 그리면
가난한 우리 어매 오지랖 금싸라기
지창구 냉이를 감싸안는다

설매(雪梅)는 피다 지쳐 노그라지고
어머님 가난한 이마에
세월 그림을 그려 놓는다

남쪽 빈 들에는 이른 봄 씨앗을 감추고
까아만 봄은 가난을 몰고 온 들에 뿌린다

파아란 하늘 보며 나팔꽃이
천년 긴 세월을 너무 많은 시련에
꽃잎을 오므려 봄비를 거절한다

우리네 봄은 아름답지 않다
한국의 늙은 어머님 오지랖
어지러운 역사를 안고 한숨 지었다.

Everlasting Spring

Spring is coming from
On dark green leaves of
An autumn barley field.

When a skylark flies high in the sky
Drawing a circle over the distant horizon,
My poor mother holds shepherd's-purse
in the lapels of her garment.

Maehwa blossoms are curled up exhausted before blooming,
And draw the picture of agening
On my poor mother's brow.

In the empty field of the south people hide spring seeds,
And spring is sown in the field where they are still poor.

A morning glory, looking up the blue sky,
Refuses a spring rain by puckering the leaves of flower
Because it has experienced too much severe bitters.

Spring here is not beautiful.
An Old Korean mother sighs,
Holding its confused history in the lapels.

지옥(地獄)

옛날에 하늘은
수정(水晶)같이 밝았소
그래서
날새들이 푸드득
노래와 춤을 추었소

옛날에 강물은
거울같이 맑았소
그래서
물고기들은
너무도 평화로웠소

그러나 지금은 어떠하신가요
눈이 먼 물고기와
날지 못하는 새들과
병신된 동물이
수없이 태어나고 있소

그 생명들의 원망소리
아 이 몹쓸 인간들아
너의 자식(子息)들은 이 지옥(地獄)에서
온전히 태어날 것인가

하늘과 땅 그리고 바다
모두가 썩어진 생지옥

아 인간들아
옛날처럼 쾌청(快晴)한 하늘
옛날처럼 청량(淸凉)한 물로
깨끗한 생명(生命) 탄생(誕生)시켜 주오.

Hades

In ancient time,
The sky was as clean as cristal;
So,
Flying birds,
Flutteringly,
Sang and danced.

In ancient time,
River water was
As clean as a miror.
So,
Fish were so pacified.

However,
What happened to them now?
Blind fish,
Flightless birds,
And deformed animals
Are being countlessly born.

Oh,
Grudges
From their lives!

Oh, Useless men,
Will your children be born perfect
In this hades?

The sky, the earth and the seas,
All of these have become the bitter hades;

Oh, men,
Please let the new lives be born
Under the sky as clean as in ancient time,
In the water as clean as in ancient time.

그리운 손님

불빛 찬란한 꽃잎으로
활활 타오르는 가을 불꽃
그 손님 오시는 날에는
그렇게 괴로움 주던 잡벌레

슬픈 듯 날개 소리 접어두고
목고개 떨구며 슬피 떠난다
자글자글 작열하던
태양은 구름 가리고 낡은 부채 흔든다

만 가지 유해 벌레들은
서늘한 아침 저녁 손님
그 손님 때문에 오곡 몸뚱이에서
점점 멀어져 간다

가을 손님은 귀엽고 사랑스러운
알곡 열매의 예쁜 모습에서
농군님 피땀의 고마움에
고개 떨구며 기뻐한다

해무리 저녁노을에 찬란한 꿈
들마다 꽃망울 가을을 수 놓으면
먼 곳에 떠나 살던 친척들이
이 아름다운 가을 마당에 모인다

Beloved guest

The fire of autumn glowing with brilliant leaves,
On the day when that guest visited,
Sundry moths which gave so much pain

They left with the neck put down
Without clapping of the wings as if very sorrowful.
A cloud veils scorchingly hot sunshine
And shake an old fan.

Various harmful insects disappear
Day by day far from our body
Due to the guest visiting
In the cool morning and evening.

The guest of autumn is delighted
At the nice cereals with his head drooped,
Thanking the farmers for their efforts
Throughout summer to grow the harvest.

When autumn becomes decorated
With ripened fruits in every field
And the brilliant dream colored at blowing sunset,
All the relatives that live far from the home
Will gather in this beautiful field of autumn.

하 나

천년 세월에
배알이 심하게 앓다
빼앗기는 것 많아도
빼앗은 것 없는 약한 자

오늘 50년 긴 세월
외세(外勢)에 짓눌려
헤어진 형제들이
손에 손 마주잡고
둘이 하나 되니
60억 세계 사람
춤추며 즐겨 한다

오~ 하늘이시여
축복을 내리시고
땅이여 얼싸 안아주오
60억 사람들 축복의 만세 소리
천지가 진동합니다.

TV 앞에 앉는 내가
가슴이 뛰고
눈물이 좌르르 쏟아진다
아 술술술 어디 술이 없나

이렇게 좋은 날
아~ 서러운 민족이 하나 되는 날
아~ 기쁨에 겨워 울어 버렸다

오~ 하늘이시여
약디약한 이 민족에
무한한 영광 내려 주소서
쓰레기, 욕심장이, 권력, 아부,
도적과 강절도, 사기 모든 죄
물리치시고 오로지
인의예지신 인간다운 민족으로
영원히 영원히 살게 하소서……

A unity

In a thousand years,
Affecied with colic stoutly
There are a lot of to deprived,
Poor-man without depriving thing

Now, half a century, long years
Bepressed in the aggressor
Get scatlered brother, sister
Holding hands and hands, joiners
Six billion peaple in the world
All they enjoy, dance

Oh heven bless!
Ground!
Please hug us
Six billion peaple, celebrating hurray!
Heven, earth vibrate.

I am watching TV
The chest tremble,
The tear run on cheeks
Oh, liquod, liquod, liquod.
Where is liquod
Lucky day like a this

Wow! a sorrowful nation gethered in lump
Wow! I just wept too happy

Oh, heven
Get bless in finite glory!
To lovly tender nation
Take away!
Junk, screw, power, flattery
thicf, frand, all of crimes
Let us to live in the humannation
Forever, forever
For the benvolent, justice, art,
Knowledge, faith.

저문몸 봄날의 연가

차라리
못 보도록 어두워 주오
갈잎이 노래하는
가을 산길 우지짖는 밤
어쩌면 그렇게도
피를 토하는 소쩍새 소리
멍든 가슴을 흔들까

저물어가는 피멍 든 가슴
하얀 면사포 쓴 머리
봄 오는 들길에서
제비꽃 어루만지니
설움이 터져 흐르는 내 가슴에 피
산 진달래의 만세소리 들으며
아- 내 가슴에 여운은
아직도 봄노래 향이 남아 있구나

-2001년 6월 8일 경주 老詩人이 보낸 시집을 들고

＊저문몸: 즉 늙은몸이란 뜻.

An oldster's song of spring-day

Preferably
Throws in the dark me couldn't see
Fallen leaves rustle
Autumn's mountain path that makes rustling in the night
How sorrow it is!
The little cookoo-crying that vomits blood
Of the bruised heart is shaking
In the twilight years of your life
Your hair like a wearing the white vail
In the field path that spring is coming
For the violet you touch
The sorrow brusts out in my chest
The red mound that azaleas are in full bloom
Ooh! In my bosom felt the aftermath as thier chorus
Spring's suggestion remined still

- 8th, June 2001 An old Poet's Poetical works is reading

무상계(無常界)

무심천(無心川) 뚝달에
박태기 무성(茂盛)하여
하루는 낮새〔鳥〕가 낮새〔晝鳥〕
흥겨운 춤을 췄다

그것도 옛이야기
어제는 늙은 농부가
스탠박스를 짊어지고
하아얀 안개를 뿜었다

이튿날 낮새〔鳥〕가
공중에서 낙상(落傷)을 한다
자세히 보니 외상(外傷)은 없고
농약(農藥) 냄새 났다

아마도 제초제에
중독된 것 같다
살려고 왔다가 죽은 것
인생도 그런 것 아닌가

아마도 우주의 법칙(法則)도
윤회(輪廻)를 따르는 것
생멸(生滅)이 공존(共存)하니
만생이 무상계(無常界)일세.

The Transient World

On the bank by the river Mu-sim,
It flourished the redbud
A bird danced a funny dance
In a day.

That's an old tale.
An old peasant had
A stainless-box on his back and
Belched a white haze yesterday.

The day after, a bird
Fell and injured.
Watching carefully, it had no visible injuries
But smelled agricultural medicines.

Perhaps it was poisoned
By a week killer.
It came in order to live but died.
Isn't it same as our life?

That the cosmic law may also
Follow the transmigration,
It is because of co-existence of life and death.
You know, every life is in the transient world.

삼라만상(森羅萬象)

우주문(宇宙門)을 열고 보라
천하에 부존(不存)이 없이
수수억류(數數億類)의 만상(萬象)이
생존을 위한 유혈투쟁(流血鬪爭)
벌어져 있다.

물물(物物)이 부대끼는 싸움
동물(動物)과 식물(植物), 광물(鑛物)과 곤충(昆蟲)
생명이 존(存)하면 싸움이 있다.

그중에도
큰 싸움은
만물의 영장이신 인간
역사는 싸움의 기록이
지면(紙面)의 90%라니……

인간이여
오늘 한국을 보라
구국(救國)하신 애국지사(愛國志士)
6 · 25에 피흘려 나라 찾은
의혈투사(義血鬪士) 알 바 없는 정치배(政治輩)들

욕심(慾心)에 맹인(盲人)이 되어
명예와 권력 또한 금권
사람으로 볼 수 없는 흡혈마혼(吸血魔魂)들
오 - 하늘이여
벼락을 쳐서 새 인간을 탄생시켜 주오

티끌만큼도 속임수 없이
이 나라 구국의 선봉자(先鋒者)
경제(經濟)대왕을 죽인 원흉(元兇)들
꼭 가려 주시오

하늘이시여 당신의 현명하신
지혜를 우리 한민족(韓民族)은 바랍니다
삼라만상이 조용히 살게 하소서……

- 2003. 8. 故 정몽헌 회장의 죽음을 보고

All Things In Nature

Try to open the universal gate.
Everything, without exception
Under this heaven,
Does make bloody quarrels
In order to survive.

The quarrels of crashing things together.
Animals and plants, minerals and insects.
If there are live beings, also quarrels are.

Among them,
The biggest one is
What made by human who is the lord of all creation.
History is a record of quarrels
Which is occupied 90% in all records.....

Human,
Look at Korea now.
Vulgar civilians who know not the patriots who saved the country
Or the fighters who defended the country
By shedding their heroic bloods in Korean War.

Such fellows blinded by the covetousness,
Honor, power and money,
Never be seen as men but as vampires.
O, Heaven,
Make thunder and create new mankind, please.

Please sweep away the ringleaders
Who killed a man who was the lord of economy,
Had not an atom of unfairness and
Was a herald of this country's rescue.

Heavenly Lord, we Koreans want
Your heavenly wisdom.
Please make all things in nature live calmly.....

2003. 8.
- On the death of the president Jeong Mong-Heon

박 꽃

해 넘어
기운 달
고즈넉이 즈려밟은 그림자
칠성별 마을 새하얀 박꽃

어느날 무지랭이 소년
새하얀 박꽃 입맞추고
살며시 뺨 비비던
칠월이 구름에 가리운다

세월은 가고 오지 않아도
그 예쁜 꿈 가슴에 남아
해맑은 미소는 아니 지고
박꽃 같은 백발이 쉴 줄 모른다

A Calabash

The sun set
The moon declined
The shadow stepped on it quite and still
The pure white calabash of the Chill-Seong star village

One day the dull boy
kiss on the pure white calabash
and the July chafed its cheek quitely
is hided behind the cloud.

Although the time passed and never come back again
leaving those pretty dream in the heart
and the white and clean smile never disappear
and the gray hair like a calabash never take a rest.

지난 백년(百年) 세월은

36 + 60 = 피바다, 불바다, 생지옥
하늘이시여 천지개벽(天地開闢)만은 미뤄주소서
천순(天順)한 백의(白衣)의 땅 애기 탄생하였소

지난 백년 세월은 너무도 그 악독한 왜놈들
피바다, 불바다, 불지옥에 조선의 젊음을
잡아가서 쳐 죽인 원한의 세월이었소

그 한많은 원혼이 구천에서
조상 탄(嘆)하고 있소 당파싸움 권력싸움
그 덕분에 선(善)한 우리 선조 북간도 서간도 갔지요

왜놈은 조선의 젊은 처녀 총각 잡아 가서
정신대로 지원병 보국대로 생매장하였소
외세의 힘으로 찾은 자유 6 · 25도 피바다 되고

아~ 약소민족이여 그 슬픔 설움을 어이 하오리까
지금도 악귀 왜놈은 독도와 역사를 도적(盜賊)하는 데도
나라 안에 싸움은 끝이 없고
우리는 불안하여 눈 뜬 잠을 잔다오

The Past Hundred years

36+60= blood sea, fire sea, a hell on earth
Oh, Heaven, please postpone the beginning of the world
The white-robed earth is born to gentle heaven

During the past hundred years, we have deep rooted rancor
Against bad Japanese who arrested Korean youth and killed them
In blood sea, fire sea, a hell on earth

Malignant spirits blames forefathers in the heaven
Our good forefather went to bukgando or sogando
Due to party dispute and struggle for power

Japanese people arrested Korean women and men,
Had them serve a volunteer work, and kill them
The country won back its freedom by the outside influence
Became the blood sea

Ah, the people of a small and weak power
How can we stand the grief
Even now, the bad Japanese people stubbornly insist that
Tokdo belongsto their country and distorts the past history
So the nation is overwhelmed with sorrows
We cannot get to sleep well, feeling uneasy

진달래

붉은 진달래 꽃 산천
1950년 그해 6 · 25 전쟁은
입에 젖내음 풍기는
애송이 학도의용군
엄마 아빠 졸으던 애기 같은 철부지
천심(天心)에 우러난 애국심

좌익 빨갱이 적색 도당
자유를 빼앗기 위해
도적들 무리가 되어
새벽잠 곤하게 든 사이
소련제 탱크로 쳐들어 왔다.

조국은 아수라장
붉은 피바다
붉은 꽃 진달래 같은 피
온 천지를 뿌리고 덮었다

무기도 없이 맨주먹으로
적진에 뛰어 들어가 육탄전으로
싸우다가 따발총 소련총에 맞아
폭포 같은 피를 토했다.

오늘 옛 전선 산하에
그 피가 진달래로 변하여 피었다

무계급 무군번 육탄용사
전사 후 아무 곳에도 찾을 수 없는

무명용사 학도의용군
사망통지서도 연금도 묘지도 없는
조국 산하 어디에도 없는 허공에 이름
일회용 소모품으로 태어나서 죽었다

오늘 이 땅 산하에 진달래꽃은
동포여! 아이들아! 그 꽃은
나라 위해 싸우다 원통하게 죽은
학도의용군의 넋이다 꺾지 말라
그 꽃에 묵념하고 양손으로
쓰다듬고 냉수라도 한 사발 부어라

살아서도 천대받고
죽어서도 대접 못 받는
허공중에 떠도는 원혼
대한민국 학도의용군의 원혼
입에 젖내음 풍기며 싸우다 죽은

불쌍한 원혼에게 탑 하나 술 한 잔
부어서 위령을 할 사람이 없다

학우여 아니 전우여 우리 죽어서
허공에서 만나 그때 비참한 이야기 합세나
편히 쉬거라 지금 피흘려 찾은 조국은
도적 떼와 불법 부정이 만연하여 미치광이들 춤추고
우리 원수들이 46명 젊음과 천안호를
폭파하였구나

전우여 원통하구나
46명의 젊은 용사와
군함이 부서져 볼 수 없다
전우여 하늘에서 조국을 지켜 주오
우리 얼마 남지 않은 전우도 곧 그대 곁으로
갈 것이니 그때 못다 한 얘기 나누세.

The Azaleas

The mountains and rivers with red azaleas,
In which the Korean War broke on the 25th, June in 1950.
The war moved the patriotic spirit of the young students
To join as the volunteer soldiers,
Who were very young at that time as mere boys
Under their parent's shelter.

The red leftists, communists of the north
In groups like armed robbers
In order to rob our freedom
Made an attack at dawn on Sunday morning
With lots of Russian tanks at the head
Our fatherland was confused in disorder
And stained with blood,
Sprinkling such red blood as the azalea flowers
All over the country.

The volunteer young soldiers spat their blood, with no weapons
By way of the suicidal raid into the enemy line,
Fighting against them to die in the Russian automatic guns.
Today their blood, sprinkled in the mountains and rivers of the old front
Has bloomed into the red azaleas.

They are all anonymous volunteer students soldiers, suicidal bombers
With no ranks and no service numbers,
Whom we have not found at any place after their death in battle,
And they are all dead like consuming articles
With no notice of their death, no their graves, no their pension
And with no their names any place in all over our fatherland.

Today, the red azaleas in the mountains and rivers of this country,
Our brethren! Our children! The flowers
Are the souls of the volunteer student soldiers
Who were killed resentfully fighting for our country,
So don't cut the flowers, but pay your silent tribute to them
Watering them with your sincerity.

While living, they are neglected with contempt,
While dying, they aren't received with treatment,
So they are the mistreated souls,
The volunteer student soldiers of Korea floating in the air.

There are no ones in setting a memorial tower to console their poor souls,
Who died fighting as the young age.

My dear fellow students, my dear soldiers!
Let's have an unfair talk about you
When we meet again in the air.
Sleep in peace.
Our fatherland, redeemed at the cost of your life
Is prevailing with the illegal and decomposed things,
That came to the same result as 46 young soldiers were sacrificed
In the Cheon-An battle ship exploded by a North Korean torpedo.

대각(大覺)

천중(天中) 원점에서
동(東) 일출하시고
남(南) 춘정 일어나
서(西) 군자 안택과
북(北) 한침(寒侵) 무변하나

인류여 하늘 땅 사람
함께 지구를 돌리나니
천하 만물이 공생(共生) 우주요
사재(私財)는 원래 없다오

소심(小心)하고
정심(正心)하며
진인(眞人) 탄생하여
자성(自省) 하오면

천억(千億) 생명도 태평커늘
사욕(私慾) 하나 만죄 만들어
지구가 소란병 들고
하늘 땅 불바다 이룬다

우주(宇宙) 주인이시여
대각(大覺)하여 주시오

만생(萬生) 공존할 권한 있어
자생(自生) 그 권한 지켜 주소서

지수화풍(地水火風) 생동발사(生動發死) 사단이요
희노애락(喜怒哀樂) 애오욕(愛惡慾) 칠정이니
인외타물은 사단칠정 없어
사람이 우주주인 되셨네

하늘에 순종은 진인(眞人)이요
천의(天意)를 떠난 것 금수로세
인이여 진인이여 대각하시여
우주에 정주(正主) 되어 편히 삽시다

A Great Awakening

Beginning from the Starting Point of the middle of heaven
The sun rises from the East,
The sexual desire happens from the South,
The peaceful household of a man of virtue in the West
And the cold invasion in the Winter have no relation,

Human beings! heaven, ground, and the man
Revolve(Turn) the earth together,
All things of the world also live together,
And there is naturally no individual resources.

If we have the Prudence
And have the Right Mind,
The genuine Taoist(person) was born,
And have a Reflection (self-examination),

The myriads of people enjoy the blessing of peace,
But individual desires make crimes and vices
And the earth makes noises,
So there become a sheet of flames between heaven and earth.

Our Master of the Universe!
Have a Great Awakening,

All people have the right to live together,
So keep the right of self-generation.

Earth, water, fire, wind, and to be born, to move, to grow and to die are the four Origins,
Joy, rage, love, delight, and sorrow, vice, greed are the seven Sentiments,
Other things except humans have no four origins and seven Sentiments,
So man became the master of the universe.

The obedience to heaven is a genuine Taoist,
The giving up of heaven's idea is a beast.
Human being! genuine Taoist! have great Awakening!
Be a real Master of this universe to have peaceful life.

잃어버린 國寶

千年이요 萬年인가 겨우 오천년,
오천년 지켜온 우리의 국보
三綱과 五倫은
금수강산 삼천리 민족목숨이요
白衣民族의 국보입니다.

三綱과 五倫은 우리 한민족의
혼이요, 생명이요, 피요, 살입니다.
하늘과 사람 그리고 땅을
지키는 주인이요 인륜이며 스승이다.

한약 그 신의 정성 우리 한민족만
갖게 하는 神物이며 우리의 보배
지키지 못하고 정치꾼 농간에
잃어버린 國寶올시다.

-2011. 6. 24 '한약신문' 투고

大邱鄕校誌 祝刊辭

大邱鄕校誌 發刊을 衷心으로 축하를 드립니다.

大邱는 東方의 鄒魯之鄕이라 일컫는 慶尙道의 中心에 位置한, 自他가 公認하는 文鄕입니다. 東으로는 晦齋, 北으로는 退溪, 西로는 佔畢齋와 寒暄堂, 南으로는 南冥의 儒脈이 한데 어우러져 燦爛한 儒學이 새롭게 꽃피고 열매 맺은 곳이 바로 이곳입니다. 林下, 樂齋를 비롯한 이른바 達城十賢이 雨後竹筍처럼 떨치고 일어나 大邱의 儒林을 크게 일으켰으니 이것은 大邱鄕校의 그간의 役割이 어떠했음을 알고도 남음이 있습니다.

鄕校란 聖賢들의 位牌를 모시고 祭禮를 올리는 곳이기도 하지만 그에 못지않게 主要한 일은 鄕里의 俊才들을 모아 敎育을 하는 明倫事業이라 하겠습니다. 그리고 鄕校誌의 出刊은 鄕校의 歷史를 記錄으로 남기는 것은 勿論 그 고장 先賢들의 履歷과 業績을 높이 기리어 後學들로 하여금 龜鑑으로 삼는 데 意義가 있는만큼 어렵고도 重且大한 일이라 하겠습니다.

그러기에 鄕校誌 發刊은 대체로 三十년 乃至 四十년만에야 엄두를 내는데도 大邱鄕校에서는 不過 十餘年만에 다시 發刊에 着手했다는 것은 참으로 놀라운 일이 아닐 수 없습니다. 생각건대 都鎬京 典校님의 卓越한 人品과 指導力, 그리고 關係諸賢들의 獻身的 努力의 結實이라 믿어집니다.

모쪼록 大邱鄕校誌의 發刊이 全國鄕校에 본보기가 될 뿐만 아니라 斯道振興과 國學定立의 길라잡이가 되어 주기를 祈願하면서 거듭 祝賀를 드립니다.

2007年 丁亥 12月

成均館長 李 昌 煥 識

著者 年譜

1932年 9月 1日　경북 청송군 진보면 부곡리 461번지에서 父 東宣 母 밀양 朴氏(龍池)의 3남 1녀 중 3남으로 태어남.

1939年　청송군 진보초등학교에 입학, 2학년 재학 중 先考께서 일본인 앞잡이 친일파들의 등살에 쫓겨 경북 영양군 청기면 정족1동 고모가의 토지를 소작함.

1942年　필자 혼자 강원도 태백으로 가서 태백시 장성초등학교 4학년에 전학하여 오전 4시간은 학교 수업을 받고 오후에는 솔가지를 따서 불쏘시개를 팔아가면서 고학.

1945年 8. 15 해방과 동시에 일시 귀향하여 농사를 거들다가 다시 태백으로 가서 고학을 함.

1947年 6月 15日　남조선 과도정부 시절에 기술교육위원장 오천식 씨 명의의 삼척광업기술원 양성소를 수료하고 삼척탄광기계과에 근무하면서 야간 장성중학교에 다녔음.

1950年 6月 25日　6·25동란으로 7月 4日 경북 안동으로 피난가던 중 안동군 북후면 옹천지서에서 경찰에 붙잡혀 학병으로 입대하여 군에 복무하다 다음해 2月에 복교명을 받고 귀가했음.

1951年 3月　학교가 개교되지 않아 釜山 赤基 1769부대 군수물자 보급창에서 하루 12시간 부두하역 작업장에서 노동을 했음.

1951年 6月　학교는 개교가 되었으나 탄광이 개광되지 않아 광산에 취직될 동안 광부합숙소에서 火夫노릇을 했음.

1951年 9月　학교에 다니고 야간엔 탄광전기과 충전계(充電係)에 취직이 되었음.(一人三役)

1952年 10月　첫 시집 「나리꽃」을 황금찬 시인 감수로 태백고등학교 2학년 때 발간.

1954年 3月 7日　태백공고를 졸업하고 서울홍익대학 문학부 국문과에 입학, 밤에는 야간대학 한국대학(장춘동) 서무과에(야간) 근무. 同年 9月 한국대학이 폐교됨에 대한고학생 자립회를 조직 초대 부회장으로서 상품판매와 지방순회 영화상영으로 공부했으나 1955年 자퇴했음.

1956年 3月　靑杞公立高等公民學校를 인수 교사 겸 校長으로 활약했으나 6個月間을 노력했음에도 농촌이라 학생 수가 적어 폐교하고 다시 長省광업소 默川抗에 採炭夫로 취직, 3개월 후 퇴직함.

1956年 9月　다시 석탄공사 임무소 立木 납품업을 시작했으나 4·19와 5·16 군사혁명으로 사업이 중단 대실패를 하고 경북 영양군 청기면 청기동 산12번지 金城山 開墾地에서 10,000坪가량 개간하여 농사를 지었으나 모두 실패하여 民營炭鑛合同林務所 직원으로 安東出張所와 領東出張所 등에 근무하다가 1969年 5月에 귀가하여 휴직.

1969年 7月 10日　한약업사 시험에 응시 합격하여 경북 영양군 청기면 청기동 592번지에서 1988年까지 영업하다 1989年 1月 3日 영양군 영양읍 서부2리 176-3으로 이전하여 현재(2004년)까지 영업중.

▩ 學 歷

- 長省初等學校 6년 졸업(眞寶初等學校 入學, 靑杞初等學校 전학)
- 三陟鑛業技術養成所 6個月 修了
- 太白工業中·高等學校 卒業(6년)
- 弘益大學校 文學部 國文科 修了(2년)
- 東洋通信漢醫大學 2年 卒業

- 官認 東醫針灸學院 卒業(2년)
- 香港 南華漢醫大學 卒業(3년)
- 香港 美加針灸大學院 졸업(2년)
- 香港 法院長 認定 漢醫師資格證 取得
- 台灣政府 針灸資格試驗 合格
- 美國 L.A싸우스배일러 漢醫大學 3년 · 同大學院 2년 졸업 漢醫學博士學位　취득
- 大圓佛教大學 法師科 修了(89년)
- 高麗大學校 經營大學院 修了
- 成均館大學校 儒學大學院 修了
- 日本 東京 國際聯合宗教硏究院 修了 名譽哲學博士學位 取得
- 서울 海東佛教大學院 수료, 佛學博士學位 取得
- 印度 쌔큼바라바토시에 있는 바라프트바이블 칼레이지에서 명예 문학박사 학위 취득
- 蒙古 자니왓트 佛教大學校에서 名譽佛教文學博士學位 취득
- 禪法師 資格 취득
- 韓國易學大學 수료
- 延邊大學校醫學部 수료, 中醫師資格取得
- 서아프리카 씨애라레온국립대학교 명예문학박사 학위받음
- 서울대학교 음악대학 동양음악연구소 수료
- 필리핀 마닐라시에 있는 씨애라레온국립대학교 석좌교수(現)

▩ 經 歷

- 1947. 6. 20　三陟炭鑛 長省機械課 근무
- 1950. 6. 25　7月 4日 學徒義勇軍에 入隊
- 1951. 2. 20　學校로 復校(군번 없이)
- 1954. 3. 7　長省鑛業所 電氣課에 3년 근무
  3年 滿勤賞 受賞(所長)

- 1954. 3. 15 서울 장충동 韓國大學 庶務課 勤務
- 1954. 10. 10 大韓苦學生自立會 本部 副會長
- 1954. 11. 15 大韓學徒義勇軍 同志會 江原支部 事業部長
- 1955. 3. 10 青杞公立高等公民學校 教師
- 1978. 5. 1 大韓漢藥協會 中央會 代議員
- 1978. 5. 1 大韓漢藥協會 英陽郡 支部長
- 1986. 5. 4 英陽文化院長 歷任(3年間)
- 1987. 6. 4 慶北마을사연구 英陽支部長(現)
- 1988. 3. 1 鄉土史研究 英陽郡 支部長(現)
- 1988. 4. 5 유네스코 英陽支部長(現)
  서울 尙友會 特別會員(現)
- 1988. 5. 20 成均館眞寶鄉校 掌議
- 1988. 6. 10 韓國文人協會 英陽支部長 역임
- 1988. 7. 20 國際펜클럽 한국본부 회원
- 佛教聯合會 英陽郡 32個 寺刹 常任顧問 歷任
- 佛教文協 理事(現)
- 現代詩協 中央委員 歷任
- 新文藝協 副會長 歷任
- 自由詩人協會 理事(現)
- 색동회 회원(現)
- 韓國農民文學家 協會長 歷任
- 韓脈文學家協會長 歷任
- 韓脈文學社 會長 歷任
- 青松文學會 名譽會長(現)
- 青松鄉土文化研究會 常任顧問(現)
- 太白文學創立 初代會長
- 太白文學會 名譽會長 歷任
- 英陽文學會 會長
- 瓢岩文學會 會長
- 社團法人 傳統文化宣陽會 理事長

- 佛教三藏法師
- 海東佛敎大學院 敎授 歷任
- 蓋馬高原遊擊隊 記念事業會 會長 歷任
- 成均館儒道會 靑少年指導委員 歷任
- 成均館 典學 歷任
- 社團法人 大韓漢藥協會中央會 文藝委員長 歷任
- 大韓學徒義勇軍會 指導委員
- 大韓民國學徒義勇軍 總本部 會長 歷任
- 肉彈勇士宣揚會 指導委員 歷任
- 原州李氏 中央花樹會 副總裁 歷任
- 慶州李氏 中央花樹會 常任委員 歷任
- 慶州李氏 中央花樹會 副會長 10년 歷任
- 韓國氏族聯合會 理事 歷任
- 成均館大學校 儒學大學院 五期同窓會 會長 歷任
- 成均館大學校 儒學大學院 總同門會 首席副會長 歷任
- 蒙古 자니왓트라 佛敎大學校 交換敎授
- 1991. 3. 1 영양읍에 월인문학관을 건립하여 청소년들에게 문학 공간으로 개방하였음.
- 학술단체 지방문학회장 역임
- 1982~1995년까지 世界學術세미나차 100여 개국 순방
- 1989~2002 현재 韓國氏族總聯合會 副總裁
- 1995. 8. 9~16일까지 成均館 儒敎儀禮團 白頭山 天祭禮와 檀君祭 청살리독립투사 위령제, 154名 團體行에 弘報有司 및 醫療有司로 참석
- 成均館 典儀 역임
- 成均館 代議員 역임
- 成均館 敎育院 敎授 역임
- 1996. 6. 25 金泳三大統領 招請 晩餐 參席
- 社團法人 大韓漢藥協會 弘報委員(現)
- 1996. 8. 20 世界詩人大會 東京 參加
- 1997. 6. 25 金泳三大統領 저녁招請 晩餐

- 1998. 3. 成均館大學校 儒學大學院 總同門會長 職務代行
- 1999. 世界文學심포지엄 인도네시아 자카르타 參加
- 1999. 8. 延邊大學招請文藝思潮學術大會 參席
- 1999. 12. 成均館典儀 三代 任命
- 2000. 2. 28 弘益大學校 總同門會員 金剛山行 參席(夫婦)
- 2000. 3. 4 金大中大統領 成均館任員 靑瓦臺 招請 晩餐
- 2000. 4. 22 경기도 고양시 자연석 조각공원에서 月仁詩碑建立 2週年 記念 한脈會員 詩朗誦會 開催
- 2000. 5. (특법) 국립공원 자문위원
- 2000. 6. 9 成均館制度改革委員會 副委員長
- 2000. 6. 10 高麗手指針研究學 會員 및 學術委員
- 2000. 7. 15 社團法人 大韓韓藥協 弘報委員
- 2000. 8. 10 社團法人 한약협회 학술위원 경북대표
- 2000. 10. 1 大田 계룡대에서 金大中대통령 국군의 날 행사초청 만찬에 참석
- 2000. 10. 15 성균관 재단법인 이사 당선
- 1998. 文學新聞社 名譽會長
- 2000. 3월 현재 文學新聞社 會長
- 2001. 2월 北京中央民族大學校 碩座教授 10年期限 7年째
- 韓日親善藝術協會 韓國會長
- 2002. 6. WTO 鍼灸學術委員 및 世界 醫療奉仕團員이며 世界鍼灸聯合會員임
- 2003. 7. 漢藥協會學術大會 副委員長 歷任
- 2003. 9. 佛教日報 論說主幹
- 2004. 5. 成均館儒道會 副會長
- 成均館 副館長 겸 理事
- 成均館 元老院 副院長 및 재단이사
- 2002년 6月의 文化人物 조지훈 선정기념 행사운영위원장 역임
- 필리핀 마닐라 콘티넨탈 국립대학교 석좌교수(現)
- 山林廳 山林指導委員 겸 自然保護 監視員(現) 2005년까지

- WHO 世界保健機構奉仕團 會員(鍼灸)
- 09. 4. 10 大邱琴湖書院 院長 推戴

▩ 受賞

- 大韓赤十字社 總裁賞
- 大韓石炭公社 長省鑛業所長賞
- 三星財團 李秉喆 會長 感謝狀
- 治安局長 感謝狀
- 英陽教育長 感謝狀
- 金福文化賞 文學部分 本賞 受賞
- 保社部 行政處長賞 受賞
- 韓國評論家協會 特別文學賞 受賞
- 地方文學賞 受賞
- 國際文化賞 受賞
- 日本 東京 國際文化勳章 受賞
- 世界平和文學大賞 受賞(中華民國)
- 中華民國 文學勳章(國會議長賞) 받음
- 社團法人 大韓漢藥協 慶北道支部長 感謝狀
- 아프리카 70個國團體 農民文學大賞 受賞
- 文藝思潮文學本賞 受賞
- 日本 東京 國際文化新聞社長 文化勳章 받음
- 成均館大學校 儒學大學院長 表彰牌 받음
- 趙芝薰 宗中 感謝牌 받음
- 吳一島 시인 宗中 感謝牌 받음
- 18期 進士教育生 一同 感謝牌 받음
- 英陽郡守로부터 英陽文化院長 在任時 功勞패 받음
- 英陽文學 會員, 女性文學會員, 英陽文學運營委員 一同 功勞牌 받음

- 1994년 2월 15일 委囑牌 一日校長, 太白機械工高 校長
- 1995년 世界詩人賞 金冠王冠賞 받음
- 社團法人 大韓老人會 청기할머니회원 감사패 받음
- 세계법왕 일붕존자 표창장 및 훈장 받음
- 세계법왕청 공로훈장 및 명예패 받음
- 社團法人 大韓時友會 會長 功勞賞(1995. 10)
- 육군 3사단장 감사패 받음(1996. 10. 8)
- 1997. 제1회 西浦 金滿中 先生 追慕文學 大賞 받음
- 1998. 12. 경상북도지사 모범 도민표창장 2회째 받음
- 2000. 4. 28 (社) 大韓韓藥協會長 感謝狀 받음
- 2000. 2. 25 大統領表彰狀 받음(農村文學運動功勞)
- 2000. 7. 15 환경부직할 자연보호중앙회장 환경문학대상 받음
- 2000. 8. 28 서아프리카 씨에라레온 국립대학교 총장 위대한 세계시인상
- 2000. 9. 29 大韓文學賞 받음(연세대학 강당에서 대한문학연구소에서 받음)
- 2000. 10. 10 UN NGO 평화문학상 받음(세계NGO 유엔본부)
- 2000. 11. 15 社團法人 大韓針灸師協會長 感謝牌 받음.
- 2000. 12. 10 자랑스런 한국인상 수상(한국문화기자단)
- 2000. 12. 21 무궁화문학상 받음(대한근우회)
- 2001. 3. 25 韓日文學賞 받음. 제2회 한일문학상 운영위원회
- 2001. 4. 10 국회도서관장실과 산림청장실에 月仁 詩 액자 걸림
- 2001. 4. 18 불교문학상 받음. 불교일보사
- 2001.5. 30 공로패 받음. 대한학도 의용군 총본부회원 一同
- 2001. 8. 30 統一文學賞 받음. 통일신문사
- 2001. 12. 8 無窮花奉仕賞 받음(大韓槿友會員 一同)
- 2001. 12. 15 慶北文學賞 받음. ㈳ 경북문학회
- 2002. 8. 5 필리핀 콘티넨탈 국립대학교에서 2002年 문학대상 받음
- 2003. 2. 10 한국전쟁참전 국가유공자(6 · 25) 1950. 7. 4 입대 학도 의용군 參戰勇士

- 2003. 8. 30 成均館 元老會 創立會員(首席副會長)
- 2003. 9. 5 육군 三師團長 前學徒義勇軍 휘장 받은 No 1호
- 2004. 자랑스러운 경북인상 수상
- 2005. 10월 자랑스러운 太白人賞 수상
- 2007. 2. 행정자치부장관상 수상(사회봉사상)
- 2007. 6. 18 亞細文學賞 受賞(필리핀 마니라)
- 2007. 7. 28 필리핀 콘티넨탈大學校 名譽總長 推戴
- 2007. 8. 13 막사이상 추천 완료(콘티넨탈大學에서)
- 2007. 10. 5 成均館長 후보 추천서 난립(약 37명)
- 2007. 10. 30 太白記念館內에 月仁記念館 別途設置되어 있음
- 2008. 1. 偉大한 太白人大賞 受賞 決定

▩ 著書 및 發刊

- 處女詩集「나리꽃」1952年 10月(高 2年時 만 18세)
- 第 2詩集「太白」(太白工高 卒業 記念 1953年, 弘大 入學年度)
- 第 3詩集「愛想」(弘益大學校 入學記念 1954年)
- 第 4詩集「月仁哀歌」(弘益大學校 自退 後 1955年)
- 第 5詩集「靑脈」(1955~1983年 25年間 絶筆)
- 第 6詩集「芳草」(1984年)
- 第 7詩集「菊花피는 언덕에 올라서서」(1985年)
- 第 8詩集「草笛」(1988年)
- 第 9詩集「白衣」(1990年)
- 第10詩集「아 - 그리운 山河여!」(1990年 10月 太白母校에 月仁 詩碑가 建立되어 있음.(太白 總同窓會와 中高合同)
- 第11詩集「별이고 싶어라」(1991年)
- 第12詩集「解罪」(1992년)
- 第13詩集「보고싶은 하늘」(英文 번역판 1992년)

- 第14詩集「痛哭하는 祖國「(1992년)
- 第15詩集「미운 祖國 사랑하리」(1993년 2월)
- 第16詩集「少女」(동시집 1993년 6월)
- 第17詩集「님의 눈물」(1993년 11월)
- 第18詩集「기다림」(러시아어로 알마타 高麗作家同盟委員會 發刊)
- 第19詩集「六月의 山河」(1994년)
- 第20詩集「여보게 미쳐보게」(1996년)
- 第21詩集「江邊의 노래」(1996년)
- 第22詩集「돌베개」(1998년)
- 第23詩集「終點」(1999년)
- 第24詩集「물안개」(2000년 5월)
- 第25詩集「開闢」(2001년 12월; 郡文藝振興 基金을 받아 出版)
- 第26詩集「朝鮮의 봄」(2002년 6월; 郡文藝振興基金을 받아 出版)
- 第27詩集「어둠이여 안녕!」(2003. 2. 15)
- 第28詩集「오! 나의 祖國!」(2003. 8. 20)
- 第29詩集「피江은 알고 있다」(2003. 10. 31)
- 第30詩集「玄海灘아 이젠 말하여라」(2004. 12. 18)
- 第31詩集「아~ 가슴 쓰린 百年」(2005. 11. 30)
- 第32詩集「童詩 꽃나라」(2006. 3. 9)
- 第33詩集「祖國에 바친 나의 노래여」(2007. 11. 1)
- 第34詩集「草家三間」(2008. 1. 18)
- 第35詩集「因緣의 바다」(2010. 3. 25)
- 月仁 人間性과 文學詩集 發刊(書翰抄錄集: 2010. 6. 1)
- 「月仁 李昌煥 文集」을 영양문학 창간 20주년 기념으로 發刊(2004. 12. 18)
- 文學誌 發刊「英陽文學」(1985~2004년까지 20집 발행), 白東哲 시집을 月仁 자비로 발행.
- 筆者 추천으로 170명(2003년 8월까지)을 등단시키고 상패와 등단 축하연을 베풀어 주었음.

- 英陽作故文人詩選集 發刊(1988년)
- 第20詩集「여보게 미쳐보게」를 내면서 慶北 青松郡 眞寶面 釜谷里 入口 休憩所옆 月仁詩碑가 青松文學會가 주관, 月仁詩碑建立推進委員會(위원장 李相龍)가 主催, 青松鄕土文化研究會 後援으로 건립되었음.
- 青松文學誌「青松文學」(1991~1993年 3집 발행)
- 太白文學誌「太白文學」(1991年度 創刊 發行)
- 瓢岩文學誌「瓢岩文學(宗親文學)」(1993년 창간 및 2002年까지 5집 발행)
- 한맥詞華集 刊行(한맥문학가협회 年刊) 1993년 2집 發行
- 太白機械工高校誌「太白山」전액 자비로 2,500부 發刊
- 「弘益文學」第6集을 發刊(1994년 全額 自費)
- 月仁宗中用「崇祖錄」1輯 發行
- 隨筆集「苦惱속의 瞑想과 旅路」,「우리에게 輝煌燦爛한 빛을」,「21世紀를 向한 亞細亞의 꿈」
- 童謠文學 동화「들꽃이 필 때」3卷 發刊
- 童謠「산새」(全曲테이프 제작) 45曲集 發刊
- 英陽古隱漢詩集 發刊
- 英陽女性同人誌 發刊
- 爐邊의 哀歌(오일도 시집 발간)
- 英陽 學生文苑 發刊
- 義士 勿窩 吳錫浚 先生 追慕集 發刊
- 1997년 2월 표암문학 제3집 발간
- 1999년 2월 표암문학 제4집 발간
- 2000. 4. 3 경기도 고양시 덕양구 관산동 조각공원에 제3 月仁詩碑를 月刊 韓脈文學會에서 건립하여 주었다.
- 2001. 10. 15 月仁 自敍傳(태양이여 나에게도 빛을) 發刊
- 2001. 11. 25 月仁 제 4詩碑(경북 영양군 일월면 칠성리 덕봉국도옆) 건립과 同時 古稀文集(아름다운 만남을 위하여: 한맥회원 일동 증) 發刊. 同時에 詩碑 除幕式을 하였다.

- 2001. 11. 25 英陽文學 17輯을 發刊(出版紀念會를 月仁 詩碑除幕式과 같이 하였다.)
- 2002. 10. 10 英陽文學 第18輯 發刊同時 出版會 開催함
- 2002. 12. 5 표암문학 5집 자비발간 출판기념
- 2002. 10. 20 眞寶儒道 教養講座에 成均館副館長 李昌煥을 招請講義
- 2003. 9. 30 영양군 유림에 교양강좌
- 2003. 10. 22 청기면 유도회원 교양강좌

▩ 세미나 참석

- 1985. 5 일본 오사카, 도쿄, 게이토, 한약시장 시찰
- 1986. 7 한약협회 세미나 대만, 홍콩 연수
- 1988. 세계문화원장 초청 세미나차 1988년 8월 유럽 7개국 방문(영국, 프랑스, 독일, 이태리, 로마, 이스라엘, 스페인)
- 1989. 6. 한약협회 세미나차 동양권 5개국 학술대회 참가(일본, 태국, 말레이시아, 필리핀, 대만)
- 1990. 3. 미주지역 침구학 학술대회와 미주지역 방문(L.A, 뉴욕, 워싱턴, 라스베이거스, 캐나다)
- 1991. 6. 동양권 한약품평학술대회차 방문(중국, 홍콩, 마카오, 일본, 대만)
- 1992. 8. 제3차 해외문학심포지엄으로 소련 등 5개국 방문(소련, 모스크바, 사할린 등 위성국 방문)
- 1994. 10. 불교문학 해외학술대회차 소련, 몽골리아 바이칼, 중국 북경 거쳐 귀국.
- 1996. 7 세계시인대회로 터키, 비엔나, 오스트리아, 호주, 스웨덴, 그리스, 이집트 7개국 순방.
- 1997. 3. 세계작가대회시 호주, 뉴질랜드, 오클랜드, 싱가포르, 홍콩서 귀국

- 1999. 7. 第10차 한국문협 세계심포지엄으로 인도네시아 참가
- 1999. 8. 중국연변대학교 초청 文藝思潮 심포지엄 참가.
- 1999. 12. 30 中國延邊大學校 醫學部 修了, 中醫師資格證 取得
- 2000. 11. 15 韓國第5次 世界保健機構(WHO) 學術大會에서 學術副委員長으로 추대 行事功勞 感謝長 받음
- 2001. 8. 10 제11차 한국해외문학 세미나차 남미 브라질, 아르헨티나, 페루 참가
- 2001. 8. 25 日本 京都 韓日親善藝術協會 美術展示會 開催
- 2002. 8. 5 필리핀 마닐라 콘티넨탈대학교 방문
- 2002. 9. 5 第1回 月仁文學賞을 장르별로 7個 部分에 施賞을 서울대학교 教授會館에서 擧行
- 2003. 8. 25 서울대학교 교수회관에서 2回 月仁文學賞 施賞
- 2004. 3. 20 內務部長官 의료봉사상 받음
- 2005. 1. 15 태백기계공고 2층 교실에 月仁記念館 설치
- 2005. 11. 10 太白에서 月仁文學賞 2回 施賞
- 2006. 8. 23 재단법인 성균관유도회 총본부 고문 추대
- 2006. 12. 3 太白에서 月仁文學賞 3回 施賞
- 2007. 4. 20 국제 165개국(WHO) 한의사 자격 취득
- 2007. 11. 14 財團法人 成均館長(28代) 就任
- 2008. 12. 30 上海臨政3代 大統領 李相龍 先生 誕辰150周忌 記念行事 月仁(成均館長)이 行事하였음.
- 2009. 7. 20 慶北 英陽 青杞에 月仁文學小公園 造成
- 2009. 9. 3 財團法人 成均館長 2次 財團理事 就任
- 2010. 5. 10 月仁 第37詩集 佛國聖花 발행(음 4월 초파일)
- 2010. 8. 10 스리랑카 정부와 月仁間에(韓 · 스) 文化交流 協定式 마침
- 2010. 10. 8 大 韓國佛教 曹溪宗 總務院 第一會 연꽃문학상 받음
- 2010. 6. 15 抄錄集(月仁에게 보내온 祝 詩 · 書翰) 出刊(乙支出版公社)
- 2010. 11. 6 三寶佛教大學校 總長 推戴됨
- 2010. 12. 15 필리핀 마닐라 이리스트국립대학교 명예총장 추대됨

- 2010. 12. 15 서울 三寶佛敎大學과 필리핀 이리스트국립대학교와 자매결연을 맺음
- 2010. 12. 15 2011年 노벨문학상 추천서를 이리스트대학 총장으로부터 받음
- 2010. 12. 15 이리스트국립대학교 교육훈장 받음
- 2011. 2. 16 서울조계종 총무원에서 月仁 노벨상후원에 밤 개최
- 2011. 4. 29 스웨덴 노벨문학상 신청을 마침
- 2011. 8. 2 月仁文學賞 8回 서울서 시상을 하였음. 대학교수 3명, 예술인 2명
- 2011. 9. 23 스웨덴 스토콜롬아카데미서 시낭송과 문학상 받음

월인 이창환 제38시집
세상 읽기

초판 발행 2011년 9월 15일

지은이 | 이 창 환
펴낸이 | 윤 해 규
주 간 | 김 효 열
펴낸곳 | **을지출판공사**

등록번호 | 제 2-741 호
등록일자 | 1985 년 2 월 14 일
주 소 | 서울시 마포구 양화로6길 27-5(서교동) 301호
우편번호 | 121-840
전 화 | 02) 334-4050 · 4090
팩시밀리 | 02) 334-4010
E-mail : ejp4050@hanmail.net

값 10,000원

* 잘못된 책은 바꿔 드립니다.

ISBN 978-89-7566-123-5 03810